Santo Expedito: santo das causas urgentes

Elam de Almeida Pimentel

Santo Expedito: santo das causas urgentes

Novena e ladainha

EDITORA VOZES

Petrópolis

© 2023, Editora Vozes Ltda.
Rua Frei Luís, 100
25689-900 Petrópolis, RJ
www.vozes.com.br
Brasil

3ª edição, 2014.
2ª reimpressão, 2025.

Todos os direitos reservados. Nenhuma parte desta obra poderá ser reproduzida ou transmitida por qualquer forma e/ou quaisquer meios (eletrônico ou mecânico, incluindo fotocópia e gravação) ou arquivada em qualquer sistema ou banco de dados sem permissão escrita da editora.

CONSELHO EDITORIAL

Diretor
Volney J. Berkenbrock

Editores
Aline dos Santos Carneiro
Edrian Josué Pasini
Marilac Loraine Oleniki
Welder Lancieri Marchini

Conselheiros
Elói Dionísio Piva
Francisco Morás
Teobaldo Heidemann
Thiago Alexandre Hayakawa

Secretário executivo
Leonardo A.R.T. dos Santos

PRODUÇÃO EDITORIAL

Anna Catharina Miranda
Eric Parrot
Jailson Scota
Marcelo Telles
Mirela de Oliveira
Natália França
Priscilla A.F. Alves
Rafael de Oliveira
Samuel Rezende
Verônica M. Guedes

Editoração: Fernando Sergio Olivetti da Rocha
Diagramação e capa: AG.SR Desenv. Gráfico

ISBN 978-85-326-3486-3

Este livro foi composto e impresso pela Editora Vozes Ltda.

Sumário

1. Apresentação, 7
2. Tradição sobre a vida de Santo Expedito, 8
3. Novena de Santo Expedito, 11
   - 1º dia, 11
   - 2º dia, 13
   - 3º dia, 14
   - 4º dia, 16
   - 5º dia, 19
   - 6º dia, 20
   - 7º dia, 23
   - 8º dia, 24
   - 9º dia, 26

4. Oração a Santo Expedito, 29
5. Ladainha de Santo Expedito, 30

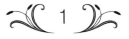

Apresentação

Santo Expedito é conhecido como o santo das causas justas e urgentes. É comemorado no dia 19 de abril.

A devoção a ele é grande, sendo reconhecido como o patrono dos estudantes, o pacificador de inimigos e solucionador de pendências judiciais, padroeiro das Forças Armadas, protetor dos desempregados e pessoas com problemas financeiros. Sua característica principal, segundo seus devotos, é a rapidez no atendimento, quando solicitado.

Este livrinho contém a vida de Santo Expedito, sua novena, oração e ladainha e algumas passagens da Bíblia, seguidas de uma oração para o pedido da graça especial, acompanhada de um Pai-nosso, uma Ave-Maria e um Glória-ao-Pai.

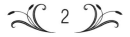

Tradição sobre a vida de Santo Expedito

A tradição apresenta Santo Expedito como sendo militar, chefe da 12ª Legião Romana intitulada "Fulminante", nome este em memória de uma vitória contra os bárbaros às margens do Rio Danúbio. Essa Legião localizava-se em uma das províncias romanas da Armênia. Era formada, em sua maioria, por soldados cristãos, sendo sua função primordial defender as fronteiras contra os ataques dos bárbaros.

A função de Santo Expedito era de grande responsabilidade, pois tinha sob seu comando 6.850 combatentes. Quanto à sua origem, nada se tem de concreto, como também não se conhecem dados quanto à idade dele.

A tradição iconográfica o apresenta como jovem e sem barba. É representado de pé, vestido de soldado romano, com uma capa vermelha, tendo, na mão esquerda, a palma do martírio, e, na mão direita, uma cruz, onde está escrito: *Hodie*. Esmaga, com o pé direito, um corvo, junto ao qual aparece a palavra "cras" e tem, no chão, ao lado do pé esquerdo, o capacete militar romano, representando sua desistência da carreira militar para empunhar a cruz, símbolo do cristianismo.

Conta-se que se converteu ao cristianismo, mesmo sob as ameaças de perseguição do imperador e, nesta ocasião, o demônio lhe apareceu, sob a forma de um corvo, se pôs a voar em torno dele, fazendo um som "cras cras cras", palavra latina que significa "amanhã", ou seja: deixe para amanhã, não precisa se converter hoje. Mas Santo Expedito, pisoteando o corvo, esmagou-o gritando: *Hodie*, que significa ainda hoje.

Expedito, em latim *Expeditus*, significa ligeiro, rápido. Assim, pelo seu próprio nome, é que o santo é invocado nos casos que exigem solução imediata.

Quanto ao seu martírio, a tradição diz que, tendo recebido ordens para adorar os deuses pagãos, como sinal de fidelidade ao imperador, se recusou a tal adoração, sendo flagelado e, depois, decapitado em 303 d.C., em 19 de abril, data em que é comemorado.

Novena de Santo Expedito

1º dia

Iniciemos com fé este 1º dia de nossa Novena invocando a presença da Santíssima Trindade. Em nome do Pai, do Filho e do Espírito Santo. Amém.

Leitura bíblica: Sl 121
"Levanto os olhos para os montes; donde me virá o socorro? / O meu socorro vem do Senhor, que fez o céu e a terra. / Ele não deixará que teus pés vacilem; não cochila aquele que te guarda. / Não, não cochila nem dorme aquele que guarda Israel. / O Senhor é o teu guarda: o Senhor é a tua sombra, Ele está à

tua direita. / O sol não te molestará de dia, nem a lua de noite. / O Senhor te guardará de todo mal, Ele guardará tua vida. / O Senhor guardará tuas idas e vindas, desde agora e para sempre."

Reflexão
Deus é o guarda de seu povo, está sempre desperto, atento, oferecendo sempre proteção. Nada é impossível para Deus. Pensemos em Santo Expedito que se negou a adorar os deuses pagãos como sinal de fidelidade ao imperador, proclamando sua fé no Deus verdadeiro.

Oração
Santo Expedito, tu que conseguiste enxergar o caminho para Deus, ajuda-nos a conseguir achar este caminho. Intercede pelas pessoas que têm dificuldades em confiar em Deus. Glorio-

so Santo Expedito, pedimos, com fé, que... (pede-se, individualmente, a graça que se quer alcançar).

Pai-nosso, Ave-Maria, Glória-ao-Pai.
Santo Expedito, intercedei por nós.

2º dia

Iniciemos com fé este 2º dia de nossa Novena invocando a presença da Santíssima Trindade. Em nome do Pai, do Filho e do Espírito Santo. Amém.

Leitura do Evangelho: Lc 11,9-10

"Digo-vos pois: Pedi e vos será dado; buscai e achareis; batei e vos abrirão. Pois quem pede recebe; quem procura, acha; e a quem bate, se abre."

Reflexão

É através da oração que nos relacionamos com Deus como o *único absoluto*, e esta relação deve ser de máxima confiança nele, semelhantemente à relação de Santo Expedito com Deus.

Oração
Santo Expedito, ajudai-nos a crer no poder da oração, a aprender a falar com Deus diariamente e não só nos momentos de dificuldades. Concedei-nos a graça que neste momento suplicamos a vós... (pede-se, individualmente, a graça desejada).
Pai-nosso, Ave-Maria, Glória-ao-Pai.
Santo Expedito, intercedei por nós.

3º dia
Iniciemos com fé este 3º dia de nossa Novena invocando a presença da Santíssima Trindade. Em nome do Pai, do Filho e do Espírito Santo. Amém.

Leitura do Evangelho: Mt 11,25-28
"Naquela ocasião, Jesus tomou a palavra e disse: "Eu te louvo, Pai, Se-

nhor do céu e da terra, porque escondeste estas coisas aos sábios e entendidos e as revelaste aos pequeninos. Sim, Pai, porque foi do teu agrado. Tudo me foi entregue por meu Pai. Ninguém conhece o Filho senão o Pai, e ninguém conhece o Pai senão o Filho e aquele a quem o Filho o quiser revelar.

Vinde a mim vós todos que estais cansados e sobrecarregados, e eu vos darei descanso."

Reflexão
Deus nos dá forças para seguirmos em direção aos nossos sonhos, sempre nos mostrando o melhor caminho. Quando avançamos com fé na caminhada diária, uma vida melhor pode começar. Santo Expedito resolveu mudar sua vida para seguir os ensinamentos de Jesus.

Oração

Santo Expedito, ajudai-nos a encontrar o caminho para Deus, a sentir a presença dele em todas as situações. Ajudai-nos a aprender a esperar por Deus em todos os momentos, principalmente quando enfrentamos momentos difíceis. Santo Expedito, olhai as dificuldades que afligem as nossas vidas. De modo especial, pedimos esta graça... (pede-se, individualmente, a graça desejada).

Pai-nosso, Ave-Maria, Glória-ao-Pai.
Santo Expedito, intercedei por nós.

4º dia

Iniciemos com fé este 4º dia de nossa Novena invocando a presença da Santíssima Trindade. Em nome do Pai, do Filho e do Espírito Santo. Amém.

Leitura do Evangelho: Lc 12,22-32

"Em seguida, Jesus disse aos discípulos: 'Por isso vos digo: Não vos preocupeis com a vida, com o que comereis, nem com o corpo, com o que vestireis. Porque a vida é maior do que o alimento e o corpo mais do que as vestes. Olhai os pássaros: não semeiam e nem colhem, não têm despensa nem celeiro, mas Deus os alimenta. E vós valeis muito mais do que os pássaros! Quem de vós, com suas preocupações, pode aumentar a duração de sua vida por um momento sequer? Se, pois, não podeis fazer o menos, porque vos inquietais com o mais?

Olhai como crescem os lírios: não fiam nem tecem. Mas eu vos digo que nem Salomão com toda a sua glória se vestiu como um deles. Se Deus veste assim a erva, que hoje está no campo e amanhã será lançada ao fogo, quanto mais a vós, gente de pouca fé!

Não vos inquieteis, procurando o que haveis de comer ou beber, porque são os pagãos do mundo que se preocupam com tudo isso. Vosso Pai sabe que tendes necessidade disso. Buscai antes o seu Reino e recebereis estas coisas de acréscimo. Não tenhas medo, pequeno rebanho, porque o Pai achou por bem dar-vos o Reino'."

Reflexão
Deus sempre cuida de todos. Ao enfrentarmos os desafios da vida, às vezes, não enxergamos o que de bom aconteceu conosco. Se optarmos por confiar em Deus para direcionar nossa vida, todos os obstáculos a serem superados tornar-se-ão mais amenos.

Oração
Santo Expedito, orienta-nos a crer em Deus, a enxergar a vida como um todo e não apenas com uma visão limitada. Ajuda-nos a obter a graça que a ti suplicamos... (pede-se a graça desejada).
Pai-nosso, Ave-Maria, Glória-ao-Pai.
Santo Expedito, intercedei por nós.

5º dia

Iniciemos com fé este 5º dia de nossa Novena invocando a presença da Santíssima Trindade. Em nome do Pai, do Filho e do Espírito Santo. Amém.

Leitura bíblica: Jr 29,11-13

"Sim, conheço os planos que formei a vosso respeito – oráculo do Senhor –, planos de paz e não de desgraça para vos dar um futuro e uma esperança. Vós me invocareis, vireis e orareis a mim e eu vos escutarei. Vós me buscareis e me encontrareis porque me procurareis de todo o coração. Eu me deixarei encontrar por vós – oráculo do Senhor – e mudarei a vossa sorte."

Reflexão

Quando ouvimos Deus falar, nem sempre reconhecemos que é Ele quem está falando conosco. Parece difícil pensar que Deus está conosco em todos os momentos de temores, de angústia. Façamos como Santo Expedito, que não hesitou em aceitar a presença de Deus em sua vida.

Oração
Glorioso Santo Expedito, vós que fostes tão corajoso em viver como cristão, alcançai-nos de Deus a graça de uma grande fé e intercedei por nós para que alcancemos a graça... (pede-se a graça a ser alcançada).
Pai-nosso, Ave-Maria, Glória-ao-Pai.
Santo Expedito, intercedei por nós.

6º dia
Iniciemos com fé este 6º dia de nossa Novena invocando a presença da Santíssima Trindade. Em nome do Pai, do Filho e do Espírito Santo. Amém.

Leitura do Evangelho: Jo 8,3-11

"Então os escribas e fariseus trouxeram uma mulher apanhada em adultério, colocaram-na no meio do círculo e disseram a Jesus: 'Mestre, esta mulher foi surpreendida em flagrante adultério. Na Lei, Moisés nos manda apedrejar as adúlteras, mas tu o que dizes?' Perguntavam isto para testá-lo, a fim de terem do que o acusar. Jesus, porém, inclinou-se e começou a escrever com o dedo no chão. Como insistissem em perguntar, ergueu-se e lhes disse: 'Aquele de vós que estiver sem pecado atire-lhe a primeira pedra. E, inclinando-se de novo, continuou a escrever no chão. Ao ouvirem isto, foram saindo um a um, começando pelos mais velhos. Jesus ficou só com a mulher que permanecia ali no meio. Erguendo-se, disse para ela: 'Mulher, onde estão eles? Ninguém te condenou?' Ela respondeu: 'Ninguém, Senhor'. Jesus lhe disse: 'Nem eu te condeno. Vai, e de agora em diante não peques'."

Reflexão
"Vai e não peques mais!", disse Jesus. É a oportunidade para começar de novo. Todos nós gostaríamos de talvez apagar de nossas mentes acontecimentos passados. Jesus, mesmo não concordando com a vida levada pela mulher, deu-lhe uma chance de começar tudo de novo. E assim aconteceu com Santo Expedito também quando ele resolveu mudar de vida, seguindo os ensinamentos de Jesus.

Oração
Santo Expedito, interceda junto ao Pai, dando-nos força nos momentos mais difíceis da vida para tomar a decisão de recomeçar uma nova caminhada dentro do amor, do perdão e da bondade de Deus e ajude-nos a obter a graça que

suplicamos... (pede-se, individualmente, a graça).

Pai-nosso, Ave-Maria, Glória-ao-Pai.
Santo Expedito, intercedei por nós.

7º dia

Iniciemos com fé este 7º dia de nossa Novena invocando a presença da Santíssima Trindade. Em nome do Pai, do Filho e do Espírito Santo. Amém.

Leitura do Evangelho: Mc 14,37-39

"Voltou e encontrou os discípulos dormindo e disse a Pedro: 'Simão, dormes? Não foste capaz de vigiar uma hora? Vigiai e orai para não cairdes em tentação. O espírito está pronto, mas a carne é fraca."

Reflexão

A oração é a fonte que impede o homem de se tornar inconsequente diante de determinadas situações conflituosas. A vida é cheia de tentações, mas Jesus Cristo é nossa força. Quando a tentação vier, invoquemos a Cristo e lembremos de Santo Expedito que venceu toda tentação com a Palavra de Deus guardada no coração.

Oração

Santo Expedito, ajuda-nos a orar e vigiar e dá-nos forças em nossos momentos de fraqueza, e também intercede junto ao Todo-poderoso para o alcance da graça de que tanto necessitamos... (pede-se a graça individualmente).

Pai-nosso, Ave-Maria, Glória-ao-Pai.
Santo Expedito, intercedei por nós.

8º dia

Iniciemos com fé este 8º dia de nossa Novena invocando a presença da Santíssima Trindade. Em nome do Pai, do Filho e do Espírito Santo. Amém.

Leitura bíblica: Rm 11,33-36

"Oh! Profundidade da riqueza, sabedoria e ciência de Deus. Quão insondáveis são as suas decisões e impenetráveis os seus caminhos! Pois quem pode compreender o pensamento do Senhor? Quem jamais foi seu conselheiro? Ou quem primeiro lhe deu para ter direito à retribuição? Porque dele, por Ele e para Ele são todas as coisas. Para Ele a glória pelos séculos. Amém."

Reflexão

Somente a fé em Jesus Cristo é que nos insere no âmbito divino. Reconheçamos toda a grandeza de Deus, assim como Santo Expedito reconheceu.

Oração

Santo Expedito, fortalece-nos para que sejamos bons cristãos onde quer que estivermos e ajuda-nos a alcançar a graça que tanto necessitamos... (pede-se a graça individualmente).

Pai-nosso, Ave-Maria, Glória-ao-Pai.
Santo Expedito, intercedei por nós.

9º dia

Iniciemos com fé este 9º dia de nossa Novena invocando a presença da Santíssima Trindade. Em nome do Pai, do Filho e do Espírito Santo. Amém.

Leitura bíblica: Sl 150

"Aleluia! / Louvai a Deus em seu santuário, / louvai-o no seu majestoso firmamento! / Louvai-o por seus grandes feitos, / louvai-o por sua imensa grandeza! / Louvai-o ao som de trombeta, / louvai-o com harpa e cítara! / Louvai-o com pandeiro e dança, / louvai-o com instrumento de corda e flautas! / Louvai-o com címbalos sonoros, / louvai-o com címbalos vibrantes! / Tudo que respira louve o Senhor! / Aleluia!"

Reflexão

O motivo central deste louvor é o nosso amor por Deus e, assim como Santo Expedito, proclamamos nossa confiança total no Pai, Todo-poderoso.

Oração

Santo Expedito, ajuda-nos a fortalecer nossa fé em Deus. Ajuda-nos a não perder o rumo de nossas vidas. Ajuda-nos a manter a união entre nossos familiares. Ajuda-nos a apreciar as diferenças entre as pessoas. Ajuda-nos a semear atos de amor, bondade e também dar graças a Deus. Ajuda-nos a crer na mensagem do Evangelho. Ajuda-nos a perdoar e reconciliar. Ajuda-nos em todos os momentos difíceis. Ajuda-nos a nos afastar de todas as tentações. Ajuda-nos a crer cada vez mais no poder da oração. Agradeço-te, Santo Expedito. Agradeço-te, meu Deus.

Pai-nosso, Ave-Maria, Glória-ao-Pai. Santo Expedito, intercedei por nós.

***

Senhor, ao encerrar esta novena, em honra ao glorioso mártir Santo Expedito, pedimos a vós para sermos perseverantes no cumprimento de nossos deveres cristãos. Por Cristo nosso Senhor, na unidade do Espírito Santo. Amém.

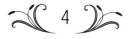

Oração a Santo Expedito

Santo Expedito, valoroso e forte mártir, vós que sois o santo das causas urgentes, alcançai-nos de Deus, por Jesus Cristo, a graça de uma grande fé e olhai todas as pessoas, que, em qualquer parte do mundo, estão precisando de vossa ajuda.

Encorajados por todos aqueles que vos invocaram à última hora para as causas urgentes, nós vos suplicamos que nos obtenhais da misericórdia divina a graça que agora vos pedimos... (fala-se a graça desejada).

Por Jesus Cristo Nosso Senhor, na unidade do Espírito Santo. Amém.

Ladainha de Santo Expedito

Senhor, tende piedade de nós.
Jesus Cristo, tende piedade de nós.
Senhor, tende piedade de nós.

Jesus Cristo, escutai-nos.
Jesus Cristo, atendei-nos.

Pai celeste, que sois Deus, tende piedade de nós.
Deus Filho, Redentor do mundo, tende piedade de nós.
Deus Espírito Santo, tende piedade de nós.
Santíssima Trindade, que sois um só Deus, tende piedade de nós.
Santa Maria, Rainha dos Mártires, rogai por nós.

Santo Expedito, que se converteu ao cristianismo, mesmo sob ameaças de perseguição, rogai por nós.
Santo Expedito, glorioso mártir, rogai por nós.
Santo Expedito, modelo dos soldados, rogai por nós.
Santo Expedito, protetor dos estudantes, rogai por nós.
Santo Expedito, protetor dos viajantes, rogai por nós.
Santo Expedito, protetor da juventude, rogai por nós.
Santo Expedito, protetor guerreiro, rogai por nós.
Santo Expedito, mediador dos pleitos, rogai por nós.
Santo Expedito, protetor à hora da morte, rogai por nós.
Santo Expedito, protetor das questões urgentes, rogai por nós.
Santo Expedito, protetor da família, rogai por nós.
Santo Expedito, protetor dos aflitos, rogai por nós.
Santo Expedito, santo de bondade e esperança, rogai por nós.

Santo Expedito, santo que abençoa os negócios financeiros, rogai por nós.
Santo Expedito, o santo que ajuda a ter sucesso profissional, rogai por nós.
Santo Expedito, o santo que liberta de todas as obsessões malignas, rogai por nós.
Santo Expedito, consolador dos aflitos, rogai por nós.
Santo Expedito, protetor dos enfermos, rogai por nós.
Santo Expedito, santo de bondade e poder, rogai por nós.

Cordeiro de Deus, que tirais os pecados do mundo, perdoai-nos, Senhor.
Cordeiro de Deus, que tirais os pecados do mundo, atendei-nos, Senhor.
Cordeiro de Deus, que tirais os pecados do mundo, tende piedade de nós, Senhor.
Jesus Cristo, ouvi-nos.
Jesus Cristo, atendei-nos.

Rogai por nós, Santo Expedito.
Para que sejamos dignos das promessas de Cristo.